AF267083

RÉFLEXIONS

SUR

LE SYSTÈME REPRÉSENTATIF

ET

ELECTORAL EN FRANCE.

RÉFLEXIONS

SUR

LE SYSTÈME REPRÉSENTATIF

ET

ÉLECTORAL EN FRANCE,

TERMINÉES

PAR UN TABLEAU COMPARATIF

DE L'ANCIEN ET DU NOUVEAU RÉGIME;

PAR M. *****.

A PARIS,

CHEZ PLANCHER, LIBRAIRE, RUE POUPÉE, N°. 7.

1819.

DE L'IMPRIMERIE DE POULET,

QUAI DES AUGUSTINS, N°. 9.

RÉFLEXIONS

SUR LE SYSTÈME

REPRÉSENTATIF et ÉLECTORAL

EN FRANCE.

Il n'a jamais été méconnu, même par les tyrans, que le bonheur des Peuples doit être le but de tout Gouvernement.

Il n'en est pas moins vrai que ceux-ci ont constamment recherché ou reclamé, depuis l'origine des Sociétés, les moyens de l'acquérir, et que leurs efforts ont presque toujours été infructueux, parce qu'au lieu de fonder leurs droits sur des principes et les constitutions qui restent, ils les ont confiés à quelques hommes et à des traditions qui passent, ou que s'ils ont pris la première de ces garanties, elle a été l'objet d'une honteuse insouciance ou d'un mépris criminel.

De là sans doute toutes les calamités qui les ont atteints, et qui en particulier ont affligé la France pendant tant de siécles.

A

Malgré la fécondité de son sol, le génie de ses habitants, et toutes les causes qui devoient la rendre la plus heureuse Nation du globe, les classes inférieures y desséchoient de misère, et les autres dévoroient, sous la plus orgueilleuse aristocratie, toutes les humiliations politiques, civiles et morales; et ce ne fut que long-tems après l'invention de l'Imprimerie, qui comme le soleil répandit la lumière, que l'on conçut et balbucia des idées de prospérité publique, prospérité essentiellement relative aux diverses classes de la Société, et qui par de sçavantes combinaisons doit s'étendre graduellement à tous ses membres.

Ce ne fut même qu'à la fin du 18e siécle, quelque temps avant la Révolution Française, que deux grands Publicistes prirent texte, l'un de l'extrême pauvreté de la grande majorité des Européens, et l'autre *de* celle de l'espèce humaine civilisée, pour professer que l'esclavage et la condition du Sauvage étoient préférables (1).

____

(1) Il serait cependant permis de douter si J.-J. Rousseau et Linguet ne firent point la satyre du Gouvernement de leur temps, à l'exemple de Machiavel, qui fit celle des Princes du 16.e siécie.

C'est à l'époque de cette Révolution si douloureuse, mais si fertile en bienfaits, que commencèrent à se réaliser les vœux des Fénélon, des Malesherbes, des Turgot pour le soulagement de l'humanité. C'est depuis cette même époque que la Philantropie a produit de si consolants effets en Europe, et que les Princes qui la gouvernent, s'honorent d'exécuter la sublime conception d'Henri IV. développée par l'Abbé de Saint-Pierre et par Jean-Jacques pour la Paix perpétuelle.

Auguste Philosophie, voilà ton ouvrage; les crimes appartiennent à tes détracteurs!

Le premier de ces bienfaits est sans contredit le Système Représentatif. -

Comment se fait-il que les Peuples aient gémi pendant tant de siécles sous la verge du despotisme; qu'après l'avoir terrassé, il ait encore élevé une tête si effrayante, et qu'irrités des efforts généreux de leurs concitoyens, des hommes emploient les plus lâches manœuvres pour les charger de nouveaux fers?

Les Gaulois avoient lutté contre la puissance des Romains libres; mais ils n'eurent pas l'avantage d'y succomber; avantage sans doute affligeant, et néanmoins desirable, parce qu'au moins ils auroient retrempé leur caractère en contemplant celui de leurs fiers vainqueurs. Ils reçurent le joug des Césars et de la main d'un Peuple descendu de ses hautes destinées à celle de la plus vile sujétion.

Cependant, dit le célèbre Pasquier, en ses Recherches, *Liv. II. ch.* 7 : » Je sçais
» et veux reconnoître qu'anciennement,
» et avant la conquête de Jules César, l'on
» faisoit *diettes* et *assemblées générales*,
» qui furent par lui continuées (par une
» hypocrisie familière aux Romains) pour
» faire paroître qu'il nous entretenoit en
» nos anciennes *franchises et libertés....* »

Les Gaules, composées de divers Peuples respectivement ennemis et gouvernés par des Chefs militaires ou des Proconsuls avides, ne tarderent pas à se courber sous un autre joug.

Clovis, à la tête de farouches soldats sortis du fond de la Germanie, fit la conquête de ce beau pays, et aura dit aux Gaulois : » Les Romains vous accablent, et
» ne vous défendent point; vos biens se
» consument en subsides que vous leur

» payez ; et en pillages qu'exercent sur
» vous les Bourguignons et les Visigots.
» Laissez-vous conquérir par moi ; je vous
» garantirai du pillage, et vous ne payerez
» que des subsides légers. Les Évêques au-
» ront fait valoir ces motifs auprès des Peu-
» ples ; à ces insinuations Clovis aura joint
» la force de ses armes ; les troupes armées
» pour les Romains se seront défendues ;
» le Peuple aura attendu l'événement ; le
» bonheur de Clovis aura fait le reste, et
» après avoir réellement conquis un pays
» qui ne se seroit point donné, il aura pris
» le titre glorieux de Libérateur des Gaules
» au lieu du titre odieux de Conquérant «.
(*Abrégé de l'Histoire de France, par le
Président Hénault*, page 47, édit. de 1768.

Il ne s'empara pas moins et fit avec ses
Capitaines le partage des dépouilles tant
des vainqueurs que des vaincus ; et en s'en
réservant la meilleure part, il n'oublia pas
la sûreté de l'Empire : il y consacra d'im-
menses domaines, et ne concéda que l'u-
sufruit du restant aux chefs de son armée,
à charge d'un service gratuit et de fournir
aussi gratuitement des hommes en nombre
proportionné à l'étendue des concessions.

(6)

Ce sont les Biens connus sous le titre de *Bénéfices à vie*, dont ils arrachèrent la propriété à la foiblesse des Rois de la seconde race.

Chargés cependant du même service et ne pouvant cultiver avec succès de si vastes possessions, qu'ils avoient tant d'intérêt à faire fructifier, ils les inféodèrent à condition de contribuer au service militaire, et à des prestations dont la multiplicité et l'énormité devinrent effrayantes. *Voyez le Tableau à la fin de ces Réflexions.*

Elles ont été connues depuis sous la dénomination de *Droits Féodaux* de la plus barbare invention (1), qui furent encore presque généralement surchargés de la servitude personnelle.

____

(1) Tels que ceux de *Main-morte*, *Vuide-main*, *Bordelage*, *Indice aux quatre cas*, *Quevaize*, *Feu allumant*, *Fouage*, *Chiénage*, *Giste aux chiens*, *Chassi-pollerie*, *Pulvérage*, *Bauvin*, *Vet-du vin*, *Étanche*, *Poussoin*, *Fauvement*, *Barrage*, *Chamage*, *Tonlieu*, *Muyage*, *Leydé*, *Pugniére*, *Bichenage*, *Sexterage*, *Coponage*, *Copel*, *Cartelage*, *Stellage*, *Palette*, *Quintallage*, *Havage*, *Cohue*, *Verats*, *Quête-mouture*, *Tasque*, *Arage*, *Complant*, *Soété*, *Venteroles*, *Relevoisons*, *Acapte*, *Garrigues*, *Stegards*, *Blairie*, *Messérie*, *Carnal*, *Vetze*, *Pilory*, *Fourches-patibulaires*, pris au hazard parmi les 196 espécesd'exactions et de tyrannie féodales spécifiées dans les Décrets de l'Assemblée constituante des 22 Mars 1790 et 20 Avril 1791.

En flétrissant ainsi une partie de l'espèce humaine, ces usurpateurs ne manquèrent pas de se donner un relief personnel ; ils l'attachèrent à divers titres d'une noblesse oppressive que la Charte vient de purifier, en la rappellant à-peu-près à sa primitive institution.

Par suite du droit de conquête, forts de la puissance des armes dont ils avoient la possession exclusive, et de leurs négociations avec le Clergé qui ne leur étoit pas moins nécessaire, et qui tiroit ses chefs de leurs familles, ils formèrent des assemblées prétendues *nationales* qualifiées de *Parlemens*, composés des Princes, grands Seigneurs, Nobles et grands Dignitaires de l'Église, qui avoient le droit exclusif de concourir à la Législation, et firent trembler, vainquirent même quelquefois le Monarque, tant à main armée qu'avec les foudres du Vatican.

Devenus si redoutables, ils se créérent des Souverainetés, des Jurisdictions, des Officiers dans leurs Seigneuries, qui opprimoient et appauvrissoient les malheureux justiciables.

Cédant néanmoins au goût des jouissances, ils furent assez impolitiques pour consentir à l'admission de Troupes étrangères qu'ils firent soudoyer par le Peuple en 1480; de même qu'ils s'étaient empressés de remplacer le service gratuit par un service également salarié de Troupes Françaises.

Ils oublièrent encore moins de retenir tous les grades de commandement, et d'en percevoir des traitements considérables (1).

Cependant les besoins de l'Etat avoient depuis long-temps appelé aux assemblées nationales des Députés Plébéiens, formant le *Tiers-État*, aux États-Généraux qui remplaçoient le Parlement, « Et, comme le dit » Pasquier, le menu Peuple y fut non-seu» lement appelé avec le Clergé et la No» blesse, mais qui plus est, il en fait la plus » grande et meilleure part......

---

(1) Ils bravèrent assez le progrès des lumières d'une Nation qui avoit enfin recouvré le sentiment de ses droits et de sa force, pour dicter à Louis XV une Ordonnance qui exclut les ci-devant roturiers de tous grades supérieurs à celui de sous-Officiers.

Les Cours de Parlements l'avaient prise pour modèle, et celui de Normandie avait formellement prononcé une semblable exclusion au sujet des places de Conseillers en cette Cour.

« Ni sous la premiére, ni sous la se-
» conde, ni bien avant sous la troisiéme
» ligne de nos Rois, nous ne reconnoissions
» en France l'usage des *Tailles*, *Aides* et
» *Subsides*......

» Nos Rois pour leur *entretenement* fai-
» soient fonds de leurs *Domaines*, qu'ils
» appeloient leur *Trésor*; et quant aux le-
» vées extraordinaires, il s'étoit insinué
» une Coutume que les Rois passant par
» les Archevéchés, Évéchés et Abbayes,
» ils y gîtoient et hébergeoient pour une
» nuit, chose qui fut échangée en quel-
» ques redevances d'argent non grandes,
» qu'on appelloit *droit de gîte*; comme
» aussi passant, le menu Peuple étoit te-
» nu pour passade d'une journée de les ai-
» der de *chevaux et charroy* dont *quel-*
» *ques Bourgs et Bourgades* se dispensoient
» par argent, et étoit appellé cela *Droit*
» *de Chevauchée*, coutume que nous avions
» empruntée des Romains.

» Ce n'est pas que de fois à autres, ils
» ne contraignissent leurs sujets de leur
» bailler quelques deniers que l'on appella
» *Tailles*, parce qu'ils étoient levés par
» capitations et départements. Saint Louis,

» par son testament, commandoit à son fils
» de ne lever *Tailles* sur son Peuple : c'é-
» toit de ne lever de deniers extraordinai-
» res , levées que le Peuple ne pouvoit
» gouster, les appelant *Maltoustes*, comme
» deniers mal tollus et ôtés , et ceux qui
» se méloient de les lever *Maltoustiers*, ce
» qui faisoit souvent des émotions populai-
» res; pour lesquelles obvier, les sages mon-
» dains qui manioient les affaires de Fran-
» ce, furent d'avis, pour faire avec plus de
» douceur avaler cette purgation au com-
» mun Peuple , d'y apporter quelque beau
» respect.

« Ce fut de faire mander par nos Rois ,
» à toutes leurs Provinces , que l'on eût à
» s'assembler en chaque Sénéchaussée et
» Bailliage , et que le Clergé , la Noblesse
» et le demourant du Peuple qui fut appelé
» *Tiers-État* , advisassent d'apporter re-
» mède aux défauts généraux de la France.

. . . .

» En ce lieu quelques bonnes Ordon-
» nances que l'on fasse pour la *réforma-*
» *tion générale, ce sont belles tapisseries*
» *qui servent seulement de parade à no-*
» *tre postérité.* Cependant l'impôt que l'on

» accorde au Roi est fort bien mis à effet,
» de manière que celui a bien faute d'yeux
» qui ne voit que le roturier fut ajouté
« contre l'ancien ordre de la France à cette
« Assemblée, non pour autre raison, si-
« non d'autant que c'était celui sur lequel
« devait principalement tomber tout le
« faix et la charge, afin qu'étant en ce
« lieu engagé de promesse, il n'eût plus
« après occasion de retiver ou murmurer;
« invention grandement sage et politique.

« Davantage, qui est celui qui ne trouve
« un Roi plein de débonnaireté, lequel
« par honnêtes remontrances, veut tirer
« de ses Sujets ce que quelques esprits
« hagards penseraient pouvoir être exigé
« par une Puissance absolue ?

« Et en ces générales convocations, il
« en prend à nos Roys, tout d'une autre
« sorte qu'il ne fait aux Papes aux Conci-
« les généraux de l'Eglise; car on dit qu'il
« ne se fait guères Conseil général, au-
« quel on ne retranche aucunement une
« partie des entreprises de la Cour de *Ro-*
« *me*, sur les Evêques et ordinaires; au
« moins le voyons-nous avoir été fait aux
« Conciles de *Constance et de Basle*.

» Au contraire, jamais on ne fit assem-
« blée générale des trois États en cette
« *France*, sans accroître les finances de
« nos Rois, à la diminution de celles du
« peuple..... ».

Les Roturiers étaient conséquemment
bien éloignés des *franchises et libertés*,
dont ils étaient en possession avant la conquête, et ils se trouvaient malgré l'admission de leurs Députés aux Etats-généraux, à-peu-près dans la même position
qu'auparavant, puisque les deux premiers
ordres intéressés à maintenir leurs odieux
priviléges, y abusaient impudemment du
vote *par ordre*. C'est pourquoi ils se sou-
cièrent peu de conserver une possession si
inutile dans le fait, et quoique les Rois,
au moyen de cette apparente restauration,
eussent beaucoup gagné en se débarrassant
du *Parlement*, ils trouvèrent encore plus
profitable de se passer de toute espèce
d'Assemblée nationale.

Delà leur interruption depuis 1614.

Mais vû que les droits de la Nation
étaient incontestables, et que les Grands
du Royaume n'étaient pas d'humeur d'a-
bandonner leurs prétentions, intervint un

arrangement entr'eux et le Monarque. Les
Cours supérieures de Justice qui avaient
succédé aux Conseils du Roi, et qui étaient
aussi principalement composées de grands
Seigneurs, dignitaires Ecclésiastiques, Nobles et grands Propriétaires liés par le prix
de leurs offices, furent au moyen de l'ad-
jonction des Princes et Ducs et Pairs,
convertis en Etats-généraux à *petit pié*,
tacitement chargés de défendre les intérêts
de la Nation.

Ils incommodèrent souvent à leur tour le
Gouvernement par des remontrances plus
ou moins hardies, d'après les circonstan-
ces; ils en obtinrent même des succès,
les uns bien précieux, quand il s'agit de
s'opposer, soit à l'aliénation des domaines
de la Couronne, soit aux usurpations de
la Cour de Rome et autres intérêts généraux du Royaume; les autres bien coupa-
bles, quand ils se rapportèrent à des Edits
compromettant ou leurs intérêts pécuniai-
res ou leurs ambitieux projets.

Cependant les lumières se repandaient
de toutes parts, et l'opinion générale s'em-
parait des idées d'une sage liberté accom-
pagnée de celles d'un bonheur réel. Elle

(14)

réclamait le terme des déprédations de la
Cour, la réforme des abus monstrueux qui
ruinaient, déshonoraient la France, et des
remédes puisés dans des principes vrai-
ment sociaux.

De nouveaux Impôts furent demandés.
Une assemblée de Notables, (1) convoquée
en 1787 pour sauver le Trône et l'Etat,
en donnant l'exemple des sacrifices, com-
mença par découvrir un abîme effrayant,
se plût à semer ensuite les difficultés pour
se dispenser de le combler, et finit par des
souhaits adulateurs et dérisoires.

De leur côté, des Parlements ayant re-
fusé d'enregistrer les Edits, portant créa-
tion de ces Impôts, furent supprimés et
remplacés par des Conseils supérieurs, réduits à la simple administration de la Justice. Dès-lors le prestige de l'aristocratie
s'affaiblit; elle prépara à son tour par ses

-----

(1) Elle comptait les Princes du Sang, 16 Archevê-
ques et Evêques, 2 Abbés, 42 Ducs, Comtes, Mar-
quis et Barons, 50 Conseillers-d'Etat, Maîtres des Re-
quêtes, Présidents et Procureurs-Généraux des Parlements,
et Conseils supérieurs, 32 Prévots, Capitouls et Maires
des principales Villes. Total 149, dans lequel il n'y avait
pas six Membres du Tiers-Etat.

murmures la dégradation de la royauté; que le rétablissement des Parlements ne tarda pas à réaliser.

Ils avaient montré dans leur disgrace un caractère élevé qui se communiqua, comme électriquement, à la partie pensante de la Nation; la multitude fut même entrainée, lorsque refusant encore, quoique par intérêt personnel, l'enregistrement des Édits *du Timbre* et *de la Subvention territoriale*, ils se déclarèrent pour la première fois incompétens pour voter l'impôt; les esprits s'agitèrent violemment; les États-Généraux furent convoqués et bientôt convertis en Assemblée Constituante, qui, malgré sa composition de parties hétérogènes et les efforts du despotisme, fit cependant d'éclatants prodiges.

Elle n'avoit aboli les Dîmes qu'en assûrant au Clergé un traitement honorable, et les Rentes Seigneuriales qu'à charge de rachat à un taux élevé. Elle n'en fut pas moins l'objet des diatribes et des outrages des ci-devant Privilégiés; elle n'en eut pas moins à contenir leurs mouvements séditieux pendant le cours de son orageuse carrière.

Les insurrections de leurs satellites ayant éclaté sous la première Assemblée Législative, les hostilités commencèrent, et la réduisirent au point de supprimer, sans indemnité, toutes les prestations féodales.

La France, devenue libre, crut avoir enfin atteint le bonheur pour lequel elle soupiroit depuis tant de siécles. Comment se fit-il qu'elle ne pût le consolider, et qu'elle se jetta une deuxiéme fois dans les bras du despotisme ?

Ce furent diverses atteintes portées à la Constitution, et la fureur des factions, qui non moins fatales que l'état de guerre des anciens peuples Gaulois, ravirent également à leurs descendans ces *franchises et libertés*, le premier et le plus glorieux des biens pour quiconque en connaît le prix.

Bonaparte, quoique fugitif de l'Egypte et arrivant au moment même des victoires remportées à *Zurich*, contre les Russes, et à *Alckmaër*, contre les Anglais, mais éblouissant par le rapport imposteur (1) de

____

(1) Il venait d'être vaincu au siége de St.-Jean d'Acre.

victoires

victoires récentes liées au souvenir des triomphes réels qui ne l'avoient que trop illustré ; mais accompagné des débris du trésor de l'armée qu'il venoit d'abandonner, et qui lui servit à corrompre quelques soldats, mais noble d'extraction et fort de toutes les aristocraties , Bonaparte apparut aux Français à travers tous les rayons de la gloire, et tint à leurs Représentants ce langage plus qu'Asiatique :

» Qu'a fait le Directoire de cette France » que je lui avois laissée si brillante ? Je » lui avois laissé la paix, j'ai retrouvé la » guerre; Je lui avois laissé des victoires, » j'ai trouvé des revers ; Je lui avois laissé » les millions de l'Italie, j'ai trouvé des » loix spoliatrices et la misère. Qu'a-t-il » fait de cent mille Français, tous compa- » gnons de ma gloire? Ils ne sont plus «.

Ensuite il promit comme Clovis; et chef de plusieurs armées de héros, il vainquit encore, il fut adoré; mais ils ne combattirent que pour le compte de l'ambition, et, dignes d'une meilleure cause, la plûpart périrent comme les cent mille.

Quoiqu'opprimée par ce Chef, mais plus énergique que les habitants des Gaules

B

lors de la conquête, une grande partie de la Nation défendit ses foyers ..... Falloit-il qu'elle pérît aussi ? Non, parce qu'elle ne dut pas désespérer du salut de la Patrie, et que ses droits imprescriptibles survivront à tous les despotismes. Ils étoient gravés dans les cœurs de tous les Français, comme ils l'étoient dans l'Histoire même avant la conquête, comme ils l'étoient dans les Fastes de la Monarchie, comme ils l'étoient dans toutes nos Constitutions.

La Charte les a consacrés.

Le Système Représentatif, qui en est le caractère le plus essentiel, ne fût-il quelquefois pour nous, comme pour les Anglais, qu'un foible rempart contre les abus du pouvoir, il n'en est pas moins vrai que la Chambre des Députés est l'organe le plus imposant de la volonté générale et l'une des plus fermes colonnes de l'État.

Il faut donc nous attacher à la fortifier, et ne pas nous reposer sur l'exemple du Danemarck, la seule Nation qui paraisse n'avoir pas encore à se repentir de l'abandon de ses droits (1).

____

(1) La petitesse de la population et du territoire permet-

Quelles sont les causes qui contrarient ou peuvent contrarier les nôtres?

Ce ne sont pas les Rois, puisqu'ils nous les rendent, puisqu'ils y trouvent le plus fort lévier et la plus solide garantie de leur puissance, puisqu'au lieu d'être réduits à exiger violemment la meilleure part des fruits de la terre, leurs Sujets-Citoyens leur en font hommage avec tout l'empressement de la reconnoissance.

Est - ce l'anarchie populaire? Les éléments de notre Représentation sont bien propres à nous en préserver. Il n'y a pas de citoyens même dénués de fortune, qui ne soient déchirés du souvenir de ses horreurs.

Reste donc l'opiniâtreté des *ci-devant Privilégiés* qui la fit naître, et qui veut ressaisir les dépouilles ravies aux Gaulois lors de la conquête; à la foiblesse des Rois de la seconde race, et enfin à l'ignorance du Peuple Français.

---

tent sans doute au monarque de voir et d'agir par lui-même; mais s'il se laisse entraîner à la tyrannie, qui est si voisine du despotisme, et qu'il est si facile de confondre avec lui, quelle terrible responsabilité!

Cette dernière cause et son effet ayant cessé, le Clergé étant aujourd'hui à-peu-près apostolique, et ayant par-là même reconquis le respect des Peuples que l'abus des richesses lui avoit principalement aliéné, l'on doit s'abstenir de le comprendre dorenavant, à quelques exceptions près, dans cette classe des *ci-devant Privilégiés*, et nous pouvons lui appliquer avec confiance le beau paragraphe d'un Discours de M. de Ségur, Président du Corps Législatif en l'an......

» Quels ennemis de notre repos pour-
» roient troubler cette heureuse harmo-
» nie ! La Religion ..... ne prétend à au-
» cun empire sur la terre ! Fille du Ciel,
» elle rejette tous les droits étrangers à sa
» sublime origine, et satisfaite de donner
» à l'obéissance un caractère plus auguste,
» elle ne veut être indépendante que de nos
» vices et de nos foiblesses «.

Nous demandons maintenant ce qu'est la Noblesse, quels sont ses titres pour nous dépouiller encore?

La Noblesse, dit Cicéron, n'est autre chose qu'une *vertu connue*, parce que son établissement tire son origine de services rendus à la Patrie. C'est cette Noblesse qui exista dès la plus haute antiquité, et qui fut connue des premiers Romains.

Elle ne fut pas héréditaire.

» Elle fut aussi attachée, chez les Athéniens et chez les Gaulois, avant et depuis la conquête, soit à des classes de citoyens, et alors elle équivaloit à la qualité *d'Hommes libres ;* soit à l'exercice de quelques fonctions publiques ; et si elle acquit ensuite une espèce d'hérédité chez les Romains, elle fut restreinte aux descendants des 3oo premiers Sénateurs, mais la noblesse des autres Sénateurs ne s'étendoit pas au delà des petits enfants, à moins que ces enfants et petits enfants ne possédassent euxmêmes quelque place qui leur communiquât la Noblesse.

» Au reste, la Noblesse Romaine ne faisant pas comme parmi nous un Ordre à part, ce n'étoit pas non plus un titre qu'on ajoutât à son nom, comme on met aujourd'hui les titres *d'Écuyer* et de *Chevalier ;* mais seulement une qualité honorable qui servoit à parvenir aux grandes charges.

» Sous les Empereurs, les choses chan-
« gèrent de face. Extinction ou confusion
» des Familles Patriciennes, Suppression des
» Offices d'où avoit procédé la Noblesse,
« Établissement de nouvelles dignités, tel-
» les que celles de *Comtes*, de *Préfets*, de
» *Proconsuls*, *Consuls*, auxquelles elle fut
» attachée ; les seuls enfants des Sénateurs
» qui avoient eû la qualité d'*Illustres* étoient
» Sénateurs nés. . . . .

» Les Romains, ayant fait la conquéte
» des Gaules, y établirent peu-à-peu les rè-
» gles de leur Noblesse.

» Lors qu'enfin les Francs les eurent
» conquises à leur tour, ils formèrent le
» principal Corps de la Noblesse (1) «.

Celle-là fut héréditaire par droit du plus
fort. Cette hérédité et les privilèges furent ensuite étendus aux autres sortes de
Noblesse, parmi lesquelles figure depuis
long-temps celle acquise à prix d'argent.

Ce Corps de Noblesse a été vaincu. » C'est
» pour elle-méme que l'Aristocratie a com-
» battu, c'est pour elle-méme qu'elle a
» souffert. Elle est aujourd'hui, comme en

---

(1) Dictionnaire Encyclopédique, *Verbo* NOBLESSE.

» 1789, le Parti *Contre-Révolutionnaire*,
» et partant elle est le Parti *Révolution-*
» *naire* d'aujourd'hui. On ne sçauroit trop
» le répéter, car c'est le fond des choses,
» la *Révolution* a été le combat de la
» France nouvelle qui aspiroit à se possé-
» der elle-même, contre la vieille Aristo-
» cratie qui prétendoit posséder encore la
» France. La victoire a prononcé sur ce
» combat; elle a prononcé contre l'Aris-
» tocratie, malgé l'imprudent appui du
» Trône engagé dans sa malheureuse al-
» liance. Le Trône, renversé pour l'Aris-
» tocratie, rétahli sans elle, ne s'appuye
» plus sur elle. C'est dans la France telle
» que la *Révolution* l'a faite, qu'il pose
» ses fondements. Il n'y a plus rien à dé-
» mêler entre l'Aristocratie et la France;
» la Royauté a tout consacré, tout adopté.
» Les choses ainsi réglées, l'Aristocratie en
» tant qu'elle a été, et qu'elle est un Parti,
» reste seule hors du traité, parce que seule
» elle a été vaincue. Elle a donc seule
» intérêt à recommencer le combat; seule
» elle a des droits *révolutionnaires*. Sous
» la Monarchie Constitutionnelle, la *Ré-*
» *volution* Française n'en a plus; car, en-

» core une fois, la Monarchie Constitu-
» tionnelle, c'est la vraye *Révolution* ».

Et après une fusion, quoique partielle
de la NoblesseFéodale avec la nouvelle, l'une
avoit cessé d'exister d'après la Constitution
de 1791, l'autre expiroit au retour de Louis
XVIII.

S'il est vrai qu'une Noblesse soit un appui nécessaire du Trône, la Charte auroit
pu cependant ne la conférer que personnelle, comme chez les Romains et les Gaulois avant la conquête. Elle l'a déclarée héréditaire : les titulaires actuels ne doivent
donc accepter ce bienfait qu'avec gratitu-
de ; et si quelques-uns de leurs chefs ex-
halent encore des regrets amers, n'est-on pas
fondé à croire qu'ils ne le font, que pour
nous faire oublier nos propres sacrifices ?

Ils ont donc dans le fait encore plus
d'intérêt que les autres citoyens au main-
tien de cette Charte, et pourtant ils résis-
tent encore !

Cette résistance a-t-elle le caractère,
souvent honorable, souvent salutaire d'une

---

(1) Extrait du Moniteur, Journal sémi-officiel, du 24
août.

opposition politique ? Non, puisque cette opposition ne se met point en hostilité contre le pacte social qu'elle défend à sa manière, et que ses traits ne sont lancés que contre les mesures des Ministres ; bien que souvent elle les confonde ensemble dans la chaleur du combat, tandis que des chefs de haut parage et prédicateurs de privilèges, veulent mutiler ou même détruire ce pacte.

Quoique ce turbulent Parti ne soit qu'une minorité importune, surtout pendant la division entre l'ancienne et la nouvelle Noblesse, l'on n'ignore plus les succès plus ou moins lents des minorités, et le recrutement infaillible de *la vieille aristocratie* ne pourait manquer d'accélérer les siens : ne pût-elle en obtenir dès-à-présent, elle n'en troubleroit pas moins notre repos, et retarderoit, si elle ne l'empêchoit pas, l'effet des remèdes propres à cicatriser les playes de l'État.

Si la maison n'est plus envahie par l'Étrauger, elle renferme des enfants mécontents qu'il faut laisser où ils sont comme un préservatif de nos propres divisions ; mais ne souffrons pas qu'ils en occupent toutes les pièces : veillons au bien-être de la famille, sans privilège d'aînesse, quoiqu'il dût plûtôt appartenir aux Gaulois qui l'habitoient les premiers : sçachons maintenir une juste proportion entre les divers coopérateurs, de peur qu'une exclusion ne dégénère en oppression.

Trois Pouvoirs parallèles, également nationaux, modérateurs les uns des autres, constituent la Puissance Législative en France; et s'il s'établissoit entr'eux toute autre rivalité que dans la recherche des moyens de bien public, il n'y auroit que la raison et l'opinion, son meilleur organe, qui, planant majestueusement au-dessus d'eux, pussent leur inspirer des idées conciliatrices, et appeler de leur rejet au souverain Juge des nations et de leurs chefs.

L'un de ces Pouvoirs exercé par le Roi seul ne doit pas être présumé tenir à des intérêts privés : cette sécurité ne peut pas tant s'attacher aux deux autres, dont l'un est essentiellement aristocratique, et presque totalement composé, dans le fait, de membres ci-devant privilégiés ; l'autre participant à la Démocratie par les élections et à une autre espèce d'Aristocratie par les richesses.

Est-il prudent, est-il juste de faire entrer dans celui-ci beaucoup d'élémens semblables à ceux du second? Comme personne ne peut raisonnablement le prétendre, il faut donc que les Colléges électoraux se pénétrent bien de leur caractère et de leurs devoirs.

Ils forment sans contredit la partie la plus imposante de la Nation sous le rapport de la propriété, que la Charte a prise pour garantie de ses institutions; mais ils ne sont qu'une foible fraction du Corps de cette même Nation : ils la suppléent dans le choix de ses Mandataires.

Ses intérêts ne se bornent pas à la propriété. Ils comprennent la liberté, la sûreté, l'honneur, la prospérité de tous les membres de l'État considérés collectivement.

Tous les propriétaires ne sont pas appelés, il est vrai, à la nomination des membres de la Chambre des Députés, et les Colléges électoraux sont astreints, par respect pour la propriété, à faire leurs choix dans les classes riches; mais il est consolant de voir que celle de la médiocrité fait majorité dans ces Colléges; et que se rap-

prochant plus immédiatement de celles inférieures qui n'en font pas partie, elle con-
noît mieux leurs besoins, elle identifie ses
intérêts avec les leurs, et parvient le plus
souvent à trouver, même dans la plus haute
opulence, des hommes amis des hommes.

Elle est d'ailleurs éclairée cette majorité
et n'est pas réduite, comme le Peuple Ro-
main après la conquête de ses droits, à ne
porter que les Patriciens aux premières
dignités de l'État, parce qu'il en avoit toujours été exclu, et qu'il ne pouvoit trouver dans son sein les Généraux et autres
chefs propres à soutenir sa gloire ; tandis
que la France plébéïenne est aussi riche en
grands hommes d'Etat et d'Administration
que l'Europe entière, qu'elle l'est même
encore plus que celle-ci en Héros, qui en
25 ans ont fait plus de prodiges que les
Romains en huit siécles.

Il y a en outre cette autre différence,
qu'à Rome les Patriciens ne prétendoient
qu'à des honneurs, à des dignités, au lieu
que les nôtres n'ont pas déguisé leur esprit
de retour tant à ces distinctions qu'aux priviléges d'une dévorante féodalité.

Au surplus, la part de la prérogative

royale est somptueusement faite : celle de la Noblesse ne l'est pas moins , puisqu'elle posséde réellement dans la Chambre des Pairs l'une des trois branches du Corps-Législatif, et à la faveur du patronage de son élite groupée sans cesse autour du Trône, la plûpart des Places tant honorifiques que salariées, depuis les plus éminentes jusqu'à celles souvent dédaignées par les Prolétaires.

De quels éléments l'autre branche sera-t-elle composée ?

Nous ne demanderons pas si les Nobles nommeroient des Plébéïens ; question par trop oiseuse : mais nous demanderons avec confiance si les Colléges électoraux doivent donner la leur aux premiers ?

Déjà il est démontré qu'ils sont gratifiés de tous les avantages auxquels ils pouvaient prétendre ; et à cet égard l'on fera encore ce dilème : Ou ils ont, ou ils n'ont pas de mérite personnel. Au premier cas, les avenues du Trône, qui a toutes les Places à sa disposition, leur sont ouvertes : au second plus heureux que leurs premiers aïeux, ils ont souvent la dangéreuse facilité de les faire ouvrir ; et dans les deux cas, ils ont tous celle de dépouiller des Plébéïens autant ou plus méritants, et de priver la France entière de talens, quelquefois du génie, nécessaires à sa gloire, à sa prospérité, à son salut.

Craignant, d'après ces objections dont ils sentent toute la force, de ne pouvoir rompre la ligne, ils prennent leur point d'appui sur leurs grandes propriétés qu'ils portent au tiers de celles du sol Français; mais par cela même, s'il faut ajouter foi à cette allégation, n'en seroient-ils pas plus redoutables à la masse de la Nation? Que deviendroient-ils, que deviendroit-elle en effet, si, par une honteuse superstition, les Colléges électoraux alimentoient, à l'aide de cette influence, le prestige que les Nobles veulent faire revivre, et avec le prestige, l'influence des richesses, par des alliances avec des familles plébéiennes les plus opulentes?

Nous n'avons encore parlé que de la Noblesse ancienne, qui se dit sortie de la *bonne roche*, et à une époque où nous glissons entre deux rivales; mais le mal ne serait-t-il pas à son comble, lorsque l'ancienne voudra bien légitimer la nouvelle, et qu'elles deviendront alliées? Les Collé ges électoraux ne doivent-ils pas prévoir et peser dès-à-présent, même par rapport à ceux-ci, toutes les conséquences de cette capitulation ?

Il y a encore une autre espèce d'alliés. Ce sont les individus qui ont recherché des liens de famille dans la classe Nobiliaire, et qui dès-lors font cause commune, souvent plus active avec elle. C'est donc avec la même sollicitude que nous les signalons aux Electeurs, qui reconnaîtront aisément que si les Lois civiles et criminelles ont adopté la récusation à des dégrés éloignés en matière d'intérêt, le plus souvent privé, elle doit être admise à plus forte raison au 1.er dégré d'affinité bénévole, quand il s'agit des droits les plus sacrés de 29 millions d'hommes.

Les uns et les autres comptent, il est vrai, d'admirables exceptions, telles que les *Larochefoucault*, les *Lalli-Tollendal*, les *Broglie*, les *Lafayette*, *Dargenson*, *Grammont*, *Chauvelin*... Mais ne perdons pas de vûe qu'en bonne régle, elles ne pourraient être introduites qu'à raison d'un centiéme des propriétaires même les plus éclairés de la France ; de sorte qu'elles ne devraient produire aux Nobles et alliés que 2 à 3 Députés sur 256, et méfions-nous tout à-la-fois de l'engouement si naturel aux Français.

Les Colléges ne doivent-ils pas aussi porter des regards, quoiqu'indirects, sur les *Fonctionnaires publics* salariés, et les *Financiers* en exercice ?

Il peut être utile aux Gouvernements de multiplier les appâts du pouvoir et des honneurs ; mais il n'est pas moins avantageux à l'Etat de les répandre sur le plus grand nombre possible de Citoyens dignes de les posséder, et de ne pas ajouter l'aristocratie des Places à celles des titres et des richesses ; serait-ce d'ailleurs un si grand bienfait de mettre perpétuellement beaucoup de ces Fonctionnaires aux prises , sinon avec leurs intérêts personnels , au moins avec ceux de leurs nombreux administrés ou justiciables, au lieu de garantir à la Société leur assiduité dans des postes qui leur offrent déjà tant de moyens d'élévation? Les avantages dont ils jouissent dès-à-présent ne sont-ils pas un dédommagement suffisant, auquel tant d'autres avaient droit d'aspirer ? N'appartient-ils pas d'ailleurs

leurs à des âmes souvent plus élevées que
leurs Places, de faire à la Patrie le sacrifice
des plus hautes prétentions ?

L'on se fait une douce jouissance de re-
connaître une grande différence en faveur
des Fonctionnaires sortis de la classe plé-
béienne ; mais si les Cours de Parlements,
ou cédaient complaisamment, ou étaient
presque toujours réduites au silence, par la
seule présence du Monarque dans un lit
de Justice, quoique les Membres qui les
composaient fussent propriétaires de grands
offices ; quelle énergie la Nation pourrait-
elle espérer de Fonctionnaires salariés,
amovibles ou aspirant à des Places plus
élevées, contre les entreprises ou les er-
reurs des Ministres, contre l'avidité des
courtisans ; contre les déprédateurs de la
fortune publique ?

Ces motifs déjà convainquants sont encore fortifiés par un grand nombre d'Autorités, entr'autres celles-ci :

» D'autres (Parlements) prétendent qu'ils
« forment un corps national, comme si
« ce n'étaient pas des officiers du Roi, et
« que des officiers du Roi qui composent
« tous ces corps, pussent être les repré-

C

« sentants de la Nation ». 9.e *alinéa du preambule de l'arrêt du Conseil-d'Etat du 20 Juin 1788, du régne de Louis XVI.*

» Il y a incompatibilité entre les fonc-
« tions des représentants des communes
« et toutes les fonctions publiques salariées
« par l'Etat ». *Art. 81 de la Constitution d'un État moderne.*

A l'égard des Financiers, leur intérêt est trop évidemment en opposition avec celui des Peuples, pour qu'on veuille se donner la peine d'une dissertation.

Ne découragerait-on pas enfin par des choix si indiscrets, ce nombre prodigieux d'hommes méritants, qui n'attendent que le moment d'illustrer et servir leur pays? Ne serait-ce pas en même temps priver la Nation du droit de leur distribuer cette noblesse de *sentiment*, la première de toutes, la seule qui soit à sa disposition ?

L'on peut se faire l'hypothése du choix d'un Noble et d'un Fonctionnaire salarié, par chaque Département, puisque dans plusieurs il n'y a eu, même en 1817 et 1818, que ces deux espéces d'élus, et dans ce cas la Chambre des Députés en comp-
terait tout d'un coup plus des deux tiers dans son sein.

Que deviendrait alors la balance des Pouvoirs? La Chambre des Députés ne serait-elle pas dans le fait un dédoublement de celle des Pairs, ou absorbée par la prérogative royale? Le ci-devant Tiers-État ne jouerait-il pas le même rôle, et n'essuyerait-il pas les mêmes humiliations, les mêmes afflictions que dans les Etats-Généraux?.

Eh! l'expérience ne vient-elle pas nous offrir de plus près son triste télescope? n'avons-nous pas été conduits pendant 13 ans dans le plus profond abîme, par une représentation béante d'admiration ou baillonnée par la terreur?

Mais, d'un autre côté, cette Chambre de 1815 qui menaça tout à-la-fois la Nation et le Trône!.....

Français, où est maintenant la garantie de vos droits? Elle est dans la Charte, dictée et promulguée par la Puissance, mais inspirée par un génie bienfaisant, elle doit être votre unique boussole, elle est dans l'harmonie des pouvoirs qu'elle a établis, elle est dans votre brûlant amour de la liberté, dans votre invincible courage, dans votre discernement exquis.

(36)

Choisissez vos Mandataires parmi les citoyens habiles, mais modestes, aussi inac-
cessibles à la flatterie populaire qu'à la faveur du Pouvoir ; et défenseurs intrépides
du Pacte social.

Fortifiez-les ensuite de toute votre confiance ; qu'elle soit pour eux un rempart
inexpugnable ; garantissez-leur la bénédic-
tion des siécles, si injustement refusée à
tant de leurs devanciers.

Que les Gouvernements se rappellent
sans cesse qu'ils ne furent établis, et que
les Institutions ne doivent exister que pour
le bonheur des Peuples ; que conséquemment tous les doutes, soit dans l'interpré-
tation, soit dans l'application de ces mêmes Institutions, doivent être levés con-
formément à l'esprit de ce fécond et im-
mortel principe :

Que la Liberté, que la Sûreté des per-
sonnes et des propriétés, l'égale Admissibilité aux emplois, les Secours et Éta-
blissements de bienfaisance, l'Instruction
publique gratuite ou peu dispendieuse, et
les principes d'une Économie sévère, mais
bien entendue, ne soient pas de vaines illu-
sions, ou *de belles tapisseries qui servent
de parade à notre postérité.*

Qu'un Extrait des dispositions essentiel-
les de la Charte, des Loix sur les Colléges
électoraux, le Recrutement de l'Armée,
sur la responsabilité des Ministres, sur la
la Presse, sur le Systéme Départemental
et Municipal, soit constamment sous les
yeux des diverses Autorités; qu'il soit ins-
crit à cet effet dans les lieux de leurs séan-
ces sur des Tableaux qui leur en rappellent le souvenir; qu'une majestueuse Py-
ramide, construite sur le point le plus cen-
tral de l'espace qui sépare les édifices où
siégent les Pouvoirs suprêmes, et présen-
tant semblale inscription des divers titres
de ces institutions, les recommande à la
vénération des Français; que les noms des
plus illustres Législateurs soient également gravés dans le temple de la gloire; mais aussi que toute violation de la
Charte et de ces loix tutélaires soit mise
au rang des plus grandes calamités, et dé-
noncée jusques dans les hameaux les plus
solitaires, avec tous les accents de la dou-
leur publique.

Nobles et Alliés, Fonctionnaires salariés,
Financiers, jouissez de vos titres, de vos
honneurs, de votre bonne fortune; nous

ne vous les envions pas. Rivalisez de dévouement avec les Électeurs non éligibles, avec la masse des citoyens privés du droit d'élire leurs Réprésentants ; méritez ou continuez de mériter les suffrages du Peuple qui sera bientôt appelé aux autres dégrés du Système Électoral ; entrez dans les divers Conseils de l'Administration ; apportez-y le tribut de vos lumières, et confondez avec le nôtre ce saint respect dû aux loix du royaume et aux magnanimes intentions du Monarque qui nous gouverne.

Et Nous tous, après avoir établi nos garanties et replacé les divers éléments sociaux d'après le véritable esprit de la Charte élevons nos vûes à la hauteur des siennes ; et reprenons toute la dignité qui sied si bien à des hommes libres ; bannissons pour toujours ces vils ou orgueilleux préjugés, ces regrets cupides et rongeurs, ces passions haineuses, qui nous déshonorent et dérobent à la Patrie les secours qu'elle attend de tous ses enfants.

F I N.

TABLEAU COMPARATIF
DE L'A CIEN-ET DU NOUVEAU RÉGIME.

ANCIEN RÉGIME.

1.º Plus de 500 Coutumes ou Statuts gothiques. —— Confusion déplorable des Lois civiles et criminelles, souvent atroces. —— Celles des Tribunaux, sous les dénominations de *hautes et basses Justices seigneuriales*, Vicontés, Bailliages, Sénéchaussées, Présidiaux, Parlements (avec 3 dégrés de Jurisdiction), grand Conseil, Élections, Cours des Aides, Officialité, Bureau des Domaines, Prévôtés, *Chambres noires* et autres d'exception. —— Vénalité des Offices, frais de Rapports et épices des Juges. —— Lettres de cachet, Exils, Bastilles. —— Milliers de Couvents et de Corporations religieuses, complication inextricable de la hiérarchie Ecclésiastique et des matières bénéficiales ; domination temporelle et contributions ultramontaines sur la France.

2.º Bizarre et incompréhensible division du Territoire, des Poids et Mesures.

3.º Contributions, toutes arbitraires, de Taille, Taillon ; Confection et entretien des grandes Routes ; Corvées personnelles pour les autres, droits de Gabelles, d'Entrées, Tirage de Milice, Logement de Gens de guerre..... à la charge exclusive des Plébéiens ; Maîtrises, Corporations, Jurandes....

4.º Dixmes Ecclésiastiques et inféodées, Champarts, Troupeaux à part......... 200,000,000 fr.

5.º Attribution aux Nobles de port d'épée ; de préséance aux Cérémonies, distinction de Bancs, Eau bénite ; Encens dans les Eglises. —— Celle à-peu-près absolue des Places et Fonctions, tant lucratives qu'honorifiques, doubles et triples taxes judiciaires en leur faveur, Préciput des aînés......

6.º Droits seigneuriaux, de foi et hommage, Patronage, Chasse, (1) Garennes, Pêche, Colombiers. —— Retrait ou Treiziéme des prix des immenbles et arbres vendus. —— Triage des Biens communaux. —— Deshérence, confiscation (2) des biens des condamnés à mort, ou à quelqu'autre peine emportant mort civile, Tabellionages, Épaves, Trésor trouvé, Monéage, Péages, Bacqs, Varecks, grande et petite Coutumes par terre et par mer. —— Bannalité de Moulins, Fours, Pressoirs, charrois de leurs Matériaux. —— Clôture, guet et garde des Châteaux, Labours et Récoltes de certains biens non inféodés, Curement des Rivières, le tout sans indemnité pour les Vassaux, service d'Aînesse, Aveux, Terriers, comparution aux Plaids et Gages-pléges, Amendes, Félonie (3), Redevances annuelles en argent, grains, volailles, ciré ; denrées et autres fruits de la terre, 250,000,000 f.

7.º Interdiction aux hommes attachés à la Glébe, de résider hors des Fiefs, de se marier, de vendre leurs boissons pendant un certain temps de l'année, le tout sans le consentement des Seigneurs..... Suite des Décrets des 22 Mars 1790 et 20 Avril 1791.

Que l'on joigne à tous ces fléaux les millions de Procès, souvent scandaleux, dont ils étaient le germe, et l'on se fera une idée du calos.

---

(1) Peines du Fouet contre les *préneurs* des œufs de Cailles, Perdrix et Faisans, en quelques lieux que ce soit —— Du fouet, fustigation et flétrissure contre tous *tendeurs* de Lacs, Tirasses, Tonnelles, Traisneaux, Bricolles de corde et de fil d'archal, piéces et pans de Rets, Colliers, Halliers de fil ou de soie, destinés à prendre le gibier, en tous lieux. —— Du Carcan, en cas de récidive, contre les Marchands, Artisans, Bourgeois et Habitants des villes, bourgs, Paroisses, villages et hameaux, paysans et roturiers de quelque état et condition qu'ils soient, non possédants Fiefs, Seigneurie et Haute-Justice, chassant en quelque lieu, sorte et manière, sur quelque gibier de poil ou de plume que ce soit (le tout par la main du bourreau), avec accessoires du Bannissement et d'Amendes considérables dans ces divers cas. (Art. 8, 15, 18 de l'Ordonnance de Louis XIV, du mois d'Août 1669, la dernière et la plus douce de celles sur les Eaux et Forêts.)

(2) Abolie par Décret du 21 Janvier 1790.

(3) Confiscation de l'héritage du Vassal, pour causes 1.º *du désaveu de le tenir du Seigneur ;* 2.º D'un simple démenti donné à ce dernier. (Coutumes et Jurisprudence de Paris, Normandie, Orléans, Berry, Anjou....)

NOUVEAU RÉGIME.

1.º UNIFORMITÉ de Loix sages.
Des Poids et Mesures.
Système Décimal.
Cadastre.

2.º ÉGALE RÉPARTITION des Contributions.
Des Tribunaux (2 dégrés de Jurisdiction au plus).
Des Administrations.
Des Récompenses et des Peines.

3.º RESPONSABILITÉ des Ministres.

4.º Egale ADMISSIBILITÉ des Français aux Emplois.

5.º LIBERTÉ des Cultes.
De la Presse.
Du Commerce.
De l'Industrie.

6.º ÉTABLISSEMENT des Chambres.
Du Jury.
Des Justices-de-Paix.
Des Bureaux de Consultation gratuite.
Du Système Départemental et Municipal.

7.º PROGRÈS étonnants des Sciences et des Arts.
De l'Agriculture.
Des Manufactures.
De la Philantropie.